VALENTIN LAVIERLO

OU

LE PAYSAN MEDECI

Conte en patois des environs de Guéret

(DIALECTE DU MIDI)

Par A. DUPEYRAT

Etudiant en droit

GUÉRET

Imprimerie P. AMIAULT, Place d'Armes

VALENTIN LAVIERLO

OU

LE PAYSAN MÉDECI

Conte en patois des environs de Guéret

(DIALECTE DU MIDI)

Par A. DUPEYRAT

Etudiant en droit

GUÉRET

Imprimerie P. AMIAULT, Place d'Armes

1888

A MON AMI JULES RODIER

HOMMAGE AFFECTUEUX

L.-A. DUPEYRAT-SÉBASTIEN.

Guéret, le 15 Septembre 1896.

VALENTIN LAVIERLO

OU

LE PAYSAN MÉDECI

Conte en patois des environs de Guéret

(DIALECTE DU MIDI)

Aux Lecteurs,

« Ioù ne vous guièrei pas de grec gni dé laqui,
« Vous parlarèi potois, couneisséez co d'aqui.
« Qu'éi le lhingage enfin que m'apprenguet ma mèire;
« Ioù ne sèi pas savint, que vouleez-vous n'en faire. » (1).

Héuneu que tout le mounde sô parlâ et écrire très bien en français, vous me trouvarez arriera, chers lecteurs, de venî vous dire un counte en patois. Aussi, i vous demande millas excusas : qu'éi le seul lhingage que mo appreit ma mài, car dins moun temps, (i parle de 60 ans environ) lhy aïo très peu de collegéis, et un grand noumbre de coumunas erant sans escolas.

— Triste temps !.... Paubre peuple !....

____
(1) Extrait d'une poésie intitulée : *Mous counseillei x*, par J. Petit.

— Paciénço, chers lecteurs, et surtout ne mecredez pas trop còu temps, car, (i n'ài pas la préténçio de soutenî qúe tout marchavo mieux autravei qu'ouro) à tout prendre, le peuple, notamment le petit propriéteiro, èro aussi héirous que còu d'héuneu. Lous impôts (1) pas pûs lourds que sous le régime actuel, erant aussi égaliteiras, et faire de la politico n'èro pas inguera uno profecio bien lucrativo.

— Cheu ! moun bou, mas las chutas ministérielas n'erant pas si fréquentas, et le socialisme (lé véritablé régénérateur de l'humanitâ) ne sero pas fait jou.

— Entendu ; permettez-me, néanmoins, de vous faire observâ qu'en revincho, las sechias de las assisas erant un peu moins chargadas d'affeirais qu'òuro ; lous divorceis et las demandas en désaveu de paternita très rareis. Dòus homéis insaisissabléis coumo Artoun, ou dòus malatéis coumo Cornélius Herz, n'existavant pas.

Mas bref, pas de digrecias inutilas ; i n'en vene à moun histoiro que n'éi pas un counte, coumo vous schias beilloube tinta de z'ou creire. Là seit passado tel que vàu vous la racountâ. Dàu reesto, i la tene dòu pài Nanet, moun vieu vezhi, qu'éi l'home le moins meissungier dòu pays.

I

Aïo autravei à Villaprouas (petit village de la communo de Saint-Laurent, cantou de Guéret) un propriétairo nouma Piarre Lavierlo.

Piarre passavo par avî passablament d'écus, sans comptâ un beix au labourage de quatre bèous, et par coumble de bounhu, la Providenço lî aïo mas baillâ un enfant. Quel hèriquier èro un garçou.

Valentin-Justin-Toinet-Francis-Jacques, erant sàus prénous, prénous aussi distinguas que le péri et la màirino que lous lî aïant bailla.

Brave coumo un jou, le petit Valentin — vous me dispensarez d'uno partido de la kyriello — proumetteit de bouno houro, d'être pùs tard un home très élégant.

— Avec sa bèouta et la doto que nous lî farant, moun Valentin oro le dreit de faire demandâ en maridage la fîllo dòu pùs riche propriétaire dòus envirouns, repétavo souvent la mài Lavierlo, à sas vezhinas.

La bravo fenno ne se fajio pas précisamment illusio soubre l'aveni de soun garçou ; mas n'anticipant pas.

. . . . Aussitouot que Valentin Lavierlo coumenceit de nâ à las balladas (òù aïo 16 ans révolus, moustacho naissanto) toutas las fillas se le mountretant dòu deit.

— Vei coumo Valentin, de Villaprouas, ei bien habilla, dijo l'uno.

— Où o de las magnieras très distingadas que pleasant à tout le mounde, et persouno ne creillo que qu'éi un campagnard, reprégno n'autro.

— Par me, i le gobe au point que faillo voulounquiers, las pùs grossas folies par se, ajoutavo no troisièmo très gentillo,

Naturellamment, qu'èro à la còu que valsaillo avac se (1).

Faut be dire que las fillas de g'no cinquante ans, avac lous brachieras à mitous, lous béïs et lous sous égouletas, sans etre aussi voulajas que certainas d'òuro, erant très galantas. Dàu reesto, par avì dòus succès, le jòune home un peu dégourdi, n'aïo mas besoin de faire dansâ douas veis no fillo, lî dire un mou à l'oreille et l'accoumpagnâ jusqu'à meisou ; le maridage èro certain.

Tandis qu'héuneu, par s'établî, lous procédéis sount pûs coumpliquas. Autant que pade n'en jugeâ, faut etre très dégourdi, counéître toutas las dansas, avî de las alluras fi de siecle, etre bien habillâ. Faut également, achetâ : baguas, foulards, bouclas d'oreillo, brochas, etc... à son ange, par se faire..... èimâ, et ne pas ménageâ las caressas à la futuro bello mài.

Gn'o aussi un tout nouvéi procédéi en usage à la campagno; o consisto à faire jouâ las fillas à la loterie, lous jous de feitas, jusqu'à ce que lous pagniers chant pleits, et que las disant : « assez ». Le résultat n'éi pas douteux, après. Mas i seit pourta à creire que souvent, en chami, se casso dòus boleis mais autrò chàuso.

Si qu'éi le progrès, gn'o rien à dire.

Avis soulament, à las màis de famillo.

A la fi de bal, l'usage (qu'éi pûs de modo òuro) èro que las fillas demandessaut lous garçous par las accoumpagnâ.

— Vous plesenta ?

— Pas le moins dòu mounde, chers lecteurs, daillours, n'étant jamais sourti de moun village, i seit toujours éita à l'abrit dòus effets dòu mirage.

(1) Noms des danses de cette époque : *la grando bouraillo ; la bouraillo à quatre ; la pouétougniero ! la douceto ; la couranto ; la mountagnardo ; la quouo de chorto et l'Auvergnato.*

Et las màis par trop avisadas, que genant tant dòus mouments (au dire d'un ami), ne quittavant jamais le coin dòu fei.
Las se bornavant simplament, lous sés de bal, à faire, avant
le départ, à lous fillas, la recoumendacio traditionnello :
« tais-te bien soubre tas gardas ». Las statistiquas de quelo
époquo accusant très peu de défaillanças.

Bien souvent, Valentin Lavierlo, au moument de quittâ la
sallo de danso, aïo l'embarras dòu choix.

Arrivavo meimo que dòus chignous se crépavant et dòus
mourceis de chales-tapis (n'èro pas inguera parlâ de mantelet;
de visito ni de collet) restàvant à la porte de l'auberjo. Dàu
reesto, qui que fréquentavant, dins còu temps, lous baleis de
la Coumbetto (1) et de Neuvillo (2), poudiant vous en dire pûs
loun que me à còu sujet.

Coumo vous pensa, quelas preuvas d'amiquié par sa pre-
souno, exaltavant Valentin au suprême degré ; et tout autre
que se, se creguesso le phénix de la créacio humaino.

Enfin, un mati, sa mài l'appeleit dins le vargier, darri la
méisou, et lî tinguet le lhingage que veiqui :

« Moun petit Valentin te vas bientôt fini tàus 24 ans, illo
assez lountemps que te fas la vido de garçou. I estime que
qu'éi prou. Daillours, ta vieillo crucho de pài n'aïo jamais fait
un pas de danso et ne seillo meimo pas ce qu'èro que no
f....., quant òù m'épouseit. Faut te maridâ. »

— Lhy pensavo, mài, répoundeit Valentin en baissant la
têto, màs i n'àusavo pas t'en parlâ.

— Très bien, moun petit ; eh be resto à faire toun choix.
M'eita parla, qui jous, de plusieurs fillas très richas que te

(1) Village de la commune de Saint-Laurent.
(2) Village de la commune de Sainte-Feyre.

guettant, entr'autreis, de la Louiso, la Marie, l'Anna, la Germaino... toun goût, à te, seïo par la jòuno Marie.

— La béouta n'éi pas no fourtuno, et ne se minjo pas en salado, mài, que quache la Marie ou l'Anna, peu importo, pourvu que l'aye dòus écus, i l'épousarei.

— Te rasouna aussi juste que le grand philosophe grec Socrate, moun petit ; baillo qu'i t'embrasse soubré las doùas joutas.

. . . .

. . . .

Quinze jours après, le curé Marsicoulàu announceit dòu haut de la chiero, le prochain maridage de Valentin-Justin-Toinet-Francis-Jacques Lavierlo avec M^llo Sophie-Hortenso-Marie Chavillou, de Maupeux.

Vous dire le brut que faguet quelo nouvello, m'éi impoussible. I ajoutarei soulament, que quatre fennas, à la lecturo dòus bans, se trouvettant màu en pleino glhieso ; et la veillo dòu maridage, douas fillas que ne vale pas noumâ, nettant, de désespoir, se jità dins l'étang de Cherpount.

— Vraiment !

— Par le sur, amis lecteurs, dàu reesto, si vous avez occajo, un jou, de passâ à Theyrat, poussa jusqu'au chiez l'ami Jean ; òu vous diro si i vous en impose, car qu'éi se que fut requis par retirâ quelas pàubras malheirousas de l'aigo (1).

— A la vérita, Valentin aïo le pouvoir de faire tournâ la tête à toutas las fillas.

— Z'òu fouillo be par avi, en si peu de temps, saubu

____

(1) Cette circonstance n'a rien de commun avec les deux sauvetages opérés par le même, il y a une vingtaine d'années.

gagnâ le cœur de la Sophie, car qu'èro la fillo lá pûs genfillo de la contrée, et avac co, no doto digno de Job.

*
* *

> « L'aïo guiejeu ou vingt ans
> « Mas qu'impourto soun âge !
> « I m'èro, un jou de printemps
> « Trouva soubre soun passage. »

....

....

Le maridage fuguet célébra en grando poumpo ; curé, mairo, adjoint, marguillier fuguettant dòu festin. La grando sallo de la mài Janetoun, de Saint-Laurent, ne pouguet pas tenî tous lous invitas. Is n'en mettettant dins un fourgnis mais dins un hangard.

Ne vous dirai rièn de la cusino, de crainto d'offensâ la modestie de la vieillo aubergisto, soulament, i sais que bèauco faguettant la noço coumpleto ; las vieillas fennas — qu'aïant autant d'idées que quellas d'héuneu — remplissetant lous pagniers de paquîs, de gâtéis et de mourceis de rôti. Lous nouvéis maridas étant très richéis, qu'èro juste que parents et amis profitessant de la circounstanço.

II

Le délai de la luno de mîàu èro écoula mais quàuqueis jous de mais, et rien n'aïo vingu troublâ no minuto, l'héïrou ménage, quant se produissait, subitament, un changement chiez Valentin. Soun caracteiro si doùx d'habitudo, devinguet morose.

Un mati, òu se leveit pûs tòt que de coutumo, neit baïllâ à minjâ à saus bèous, et revinguet, no demi-houro enviroun après.

Madamo Lavierlo dourmicho inguera; òu s'apprecheit brusquament dòu lhiet, et appliqueit douas mourniiladas à sa chero meita, en li disant din toun à faire prendre de la mino à no fillo anémiquo : « te reveïllaras-tu, sophie douas veis, veiqui chieis houras, qu'éi hountable.... si ma defunto mài aïo tant coua le lhiet que co, i n'oïo pas tant de beix, héuueu, au souléi, » et òu sourtisseit.

La pàubro fenno que n'éimavo pas à être countraillado, (i'o bèauco de cousinas) creguet tout d'abord, que soun home èro atteint de folie. La s'habilleit le pûs vìte poussible.

Saus bèous lhias, Valentin Lavierlo rentreit minjà sa soupo; saus zeux étincelavant coumo qui d'un loup, no neu soumbro, et saus nerfs se countractavant malgré se.

— Qu'éi grand temps que te chéis dénichado, ta pareisse m'oblijo à minjà ma soupo buillanto.

— I....

Ou li bailleit pas le temps de parlâ, douas giflas en reglo et plhusieurs caups de pied à l'endréit dòu corps ante la reis perdant lou nou, l'étalettant soubre le pavei. Paubro Sophie !

La passeit touto la journado à pûra et à s'arrachâ lous peis, par trouvâ le motif que fajio ainsi agir soun home à soun égard.

Ignoravo you ce qu'èro qu'uno épouso, ou èro you devingu jalou ? Qu'éi que n'home que prend no fenno bien bravo, ne se figuro pas !... La ne seïo ce que n'en pensâ.

Le sé, Valentin rentreit aussi calme que d'habitudo. Coumo

aus proumiers jous dòu maridage, òu neit embrassâ la Sophie soubre las douas joutas, lî lanceit un de qui caups d'yeux deunt òu aïo le secret, et soupeit d'un boun appetit.

Tout porto à creire que la neu ne fuguet pas très orageuso.

Mas ce que gn'o de sur, qu'éi que le lendemo mati, Valentin Lavierlo, avant de partî labourâ, administreit inguera no bastounado à sa fenno.

La pàubro Sophie passeit la journado aussi tristo que la proumièro. Ello qu'aïo jamais rien agu à se reprochâ, que fajo taut par plaire à soun home, se veire ainsi maltraitado, qu'èro trop fort....

Aussi, n'èro co pas sans uno amero doulou, que le souvenî de soun joune âge lî revegno òuro. Soun « Petit Jean » que l'aïo tant éimado, et qu'elle aïo aussi bien éima; lous cinq ans de relachas intimas qu'is aïant agu ensemble, lous doux mouments passa darri no gorsei, lous dioméineis au sé, lous charmeis de lous noumbreux rendez-vous,... tout èro davant saus zeux.

Soun cher petit Jean ! Oui, la regreitavo òuro d'avî entendu saus parints et de n'avî pas segu soun amant, un jou de feto d'Ajain. Le mounde causesso... peu importo le respect humain : la fuguesso, au moins, suro de ne jamais être malheirouso avac cou jòune home.

D'aillours, M^{llo} Chavillou aïo be trouva d'autreis partis très avantajoux, mas soun pài n'aïo vougu souscrire que par Valentin Lavierlo. Et coumo de justo, la serò sacrifiado par faire plaiser à sa famillo.

A la campagno l'argent primo tout.

Toutas que las pensadas et la perspectivo d'uno existenço de mais en mais mauvaso, chabavant d'attristâ la pàubro fenno,

Quello comédie dureit environun un an. Un mati, Valentin Lavierlo pretextavo par battre sa fenno, que sa soupo èro màu assasounado, n'autre jou, que las marmitas n'erant pas en plheço, ou que la meisou èro màu baleillado. Bref, lhy aïo tourjou chi ou chat.

Coumo vous pensa, madamo Lavierlo, sero faito difficilament à quello situachio. Touto vei, l'aïo jamais fait part de soun malhu à sas vezhinas. La suppourtavo vaillamment soun martyre (le suicide n'èro pas inguera de modo chiez le sexe faible). Et coumo l'èro devingudo très palo et que la sourticho jamais sans avî un mouchouéi à la figuro, à las persounas que li demandavant de sas nouvelas, la se countintavo de répoudre : las dents me fant màu, ou : i ai la migraino.

N'empêcho que dòus bruts se marmusavant à Villaprouas ; chacu n'en baillavo à sa magniero.

Généralament, las fennas supposavant que Madamo Lavierlo èro enceinto, car las aïant, plusieurs veis, entendu le sé, chantâ la chaveicho autou dòu village (1). Las auguravant toutas màu.

En tout cas, m'eita assura que si toutas las larmas que la Sophie varseit en un an, fuguessant recueillidas, las faguessant marchâ lous moulis de la Plancho, heut jous de temps.

— Vous devez exagera...

— Nullament, mas i ne m'êteindrai pas soubre còu point, de crainto de décourajâ las jòunas fillas que valant tant se maridà.

— Mas, par còu motif Valentin Lavierlo maltraitavo yau sa fenno ?

— Le veiqui :

(1) Cette superstition subsiste encore à la campagne.

I vous ai dit pus hàut, que M^{llo} Chavillo èro de ńo béouta sans pareillo, no Galatèe finido ; or, Valentin Lavierlo no vei marida avac ello, l'eimeit au point que soun amou dégenereit presque en folie.

Neu et jou òu chantavo le refrain à peino counegu :

> « Si j'avais des bijoux, des couronnes,
> « Je les mettrais à tes pieds.
>
> . . . .
>
> . . . . »

Mas lhy aïo à Villaprouas et àus environs, dòus homeis assez galants.

Scheu qu'is aguessant de mauvasas intinchas à l'égard de la Sophie, ou que Lavierlo la lous supposesso, òu devinguet subitament jalou.

Chacu sò que la jalousie éi no malaguio aussi gravo que la méningito, et que l'uno et l'autro counduisant à la mort ou à la folie.

Valentin Lavierlo se figureit que pendant qu'òu labouravo, sa fenno pinsavo mas à le troumpâ.

Quello pinsado et le spectre d'un coublei de jàus s'amusant à saus dépens, se graveit proufoundament dins son esprit. Aussi, le veiqui à se creusâ le cervei neu et jou, par trouvà un remède à soun « grand malhu ».

Enfin, au bout de quatre jous de reflectio no nuanço n'en sourtisseit : « En battant sa fenno lous matis, avant de nâ travaillâ, la passaillo sas journadas à purâ et ne pinsaillo pas à màu faire. »

— Defunt Piarre Boueiretou, de Chaucho-Paillo, ne fuguesso pas mais ingéniou.

— Ni Cadet Cruchou, de Bourgouneu,

I n'ai pas michio de coumentâ le procédei de Valentin Lavierlo, car dòus uns poudant le trouvâ trop inhumain, et d'autreis pas assez efficace. I me borne simplement, à n'en signalâ l'originalita ; libreis aux jòuneis màu maridas de n'en faire l'essai.

III

LE SEIGNEU DE « LAS PEYRAS »

Vous me permettrez no petito digrechio, necessitado, dàu resto, par l'intelligenco dòu récit.

A quatre kilomètres environ de Guéret, au pied dòu peu de Gaudy, existo inguera las ruinas d'un ancien chàtei, appela le chàtei de « Las Peyras. »

Si faut n'en creire certains historiens, qu'éro dins le temps, le siège de no puissanto seigneurie, coumo Sainto-Feyrq, le Théret, Montaigut.

D'aucuns prétendant, au countrairo, que lhy aïo soulament un petit castel ou chalet aute lous coumtées de la Marcho se baillavant rend'ez-vous, lous jous de grando chasso.

N'ai pas qualita par me prounounçâ soubre quell'as diffé-rentas versias.

Mas ce que pade affirmâ qu'éi qu'à l'époquo òu se passo moun histoiro, le chàtei de las Peyras èro habila par un per-sounage très riche qu'aïo prei le nou de sa terro. Mouchueu de las Peyras, èro un bien brave home, ne ressimblant en rien aux tyrans dòu moyen âge. N'empêcho qu'òu èro autant craint qu'éima par le peuple. Ou n'aïo mas no fillo, M^{llo} Alice. Chacu so que la jòuno et élèganto chàteleino aïo, elle aussi, no très grando déférenço par lous sujets de son pài. Arrivavo meime, que quáuquas veis, la poussavo la familiarita jusqu'à nâ au bal à Sainto-Feyro, avec las fillas dòus villageis veshis.

Veuf de bonne houro, le seigneu de las Peyras aïo trouva en soun enfant no certaino counsoulachio à soun malhu. Alice èro, en effet, le fidel portrait de l'absento.

*
* *

Or, soubre quellas entrefaitas, arrivait no matinado, à Villaprouas, dous écuyers dòu seigneu de las Peyras.

Lou maître lous aïo dépecha dins tout le département, à la recharcho d'un sourchier capable de guari Mademezello Alice qu'aïo n'arrêto de carpo dins le còu.

Is aïant déjà passa à Pétillat, Chierlescunlou, Maisunissas, la Rebiero Jallado, la Feyto, Badent, las Couchieras, Bonnavaud, Ajain, Roudeu et enfin Villaprouas. De la boue jusqu'à las reis, is paraichant érinta de fatiguo. La proumièro meisou ante is nettant frappâ fuguet justament chez Valentin Lavierlo. Naturellament còu darier èro absent.

La Sophie fajio sòus tourteis. Autant qu'is pouguettant n'en jugeâ, la paubre fenno aïo degu démêla sa farino avac sas larmas, car à lour vudo, l'aguet bùau s'essuyâ lous zeux, is pissavant coumo douas gouquieras.

— Pan ! Pan !

— Entrà, répoundeit tristament madamo Lavierlo.

Après las politessas d'usage, le pùs agea dòus écuyers li disseit :

« Madamo, nous sount envouya par notre très noble seigneu de las Peyras, à la recharcho d'un homme capable de guari sa fillo que se meurt ; pourrias-vous nous en indiquâ un ? »

— Vous toumba à merveillo, gn'o moun home que couneit

tous lous secreits de la sorcellaïo ; malaguias dòu mounde, malaguias dòu béquiau, rien ne li échappo ; òu éi adrei coumo un singe. Soulament òu éi très têtu. Par li faire avouâ saus secreits, faut le maltraitâ.

— Bien madamo, nous nous chargeant de l'affaire, indiquâ nous ante òu éi.

Et en disant co òu li tindeit no peço jaûgno.

La Sophie ravido à la vudo de quel or, remetteit sa platino sous l'archo et disseit aux doux écuyers : Seguez me. »

Au bout din petit quart d'houro, is arrivetant à no grando pelado de genêts.

— I ne vaut pas pûs loin, murmureit madamo Lavierlo ; vous trouvarez moun home en train de pionâ (1) dins còu fount ; mas surtout, vous en preje, ne li disez pas que vous venez de ma part. N'oblidez pas, noun plus, que qu'à ne sero qu'à forço de le maltraita que vous obtindrez un service de se.

Et la faguet un demi tou.

Aussitouot que l'aguet disparue, lous envoyas dòu seigneu de las Peyras, s'arretetant.

— Veiqui no campagnardo que duyo pas être màu à vingt ans, et ma paràulo d'honnou i l'èimaïo mieux avec sa simplicita, soun ignoranço, que toutas las bonas dòu chatei, disseit l'un.

— Tout éi agréable chez ello ; ne li ai pas demanda soun nou, mas i sei pourta à creire que la s'appelo Marie. Soulament, voudio bien savei le motif que la fajio purâ, tout à l'houro, repringuet l'autre.

— Bah ! moun paubre ami, un rien fait rire ou purâ no

(1) *Pionâ* — écobuer.

fenno ; i vese be que te n'a jamais vécu avac còu gibier, Dau
resto, n'ant pas le temps d'éclaircir còu mystèro.

Et is repringuetant lou marcho.

*
* *

Valentin Lavierlo pionavo coumo un merceneiro. Le brut
produit par lous écuyers en traversant lous genets, lî faguet
levâ la têto. Mas qu'ei soulament quant is lî aguetant adressa
la paraûlo qu'òu suspendeit soun travail.

— Vous a fait no courso bien inutilo, moun paubre mounde,
répoundeit le pioneur tout essouflà, car i ne sei qu'un brayaùd
que sò à peino signâ soun nou.

I vous jure soubre ma foi, ma loi et ma part de paradis
qu'i ne nous couneisse rien en médecino. Daillours, par vous
convaincre, renseigna vous auprès de maus veshis et de ma
fenno, vous verrez si dise vrai.

— Nous renseigna auprés de sa fenno, òu no de l'aplount,
disseit à voix basso un dòus écuyers ; qu'éi bien le butard en
quesquio. Et s'adressant au pàubre Valentin que restavo
quoi : « inutile moun brave de charchâ dous détous, nous
sant, notre maître sò aussi, que vous couneissez médecino et
magie ; valez-vous oui ou no nous segre ? »

— Par Saint-Marti, le patroun de défunt moun pài, i vous
jure que vous vous troumpa et.....

Is ne lî bailletant pas le temps de finî. No déplejado de caùs
de bâtou l'élindetant par terro. Et is erant soubre le point de
recoumençâ quant enfin òu se décideit, sans douto par échappâ
à no mort certaino, à murmura : « i sei médeci, sourchier, et
i guarisse toutas las malaguias ; soulament i ai un petit service à vous demandâ : i voudio passâ à la meisou prévenî ma
fenno de moun absenço. »

— Accorda, moun brave, mas faut faire vite, car le seigneu nous attend.

Ne vous dirai pas si l'entrevudo de Valentin Lavierlo avec sa fenno, fuguet sentimentalo, mas ce que gn'o de sur, quant òu franchissait le bas de la porto, de grossas grimas coulavant de saus yeux.

La Sophie, au countrairo, ne paraîcho pas très tristo.

N'houro enviroun après, très présounas arrrivavant soubre le péroun dòu châtei de las Peyras.

Qu'éro lous dous écuyers avac Valentin Lavierlo.

Qu'a fut la vieillo cusigniero, la mài Françoiso, que lous aperceveit la proumiero. Malgré saus sexanto guiex ans, la mounteit à la courso préveni le seigneu qu'éro en proie à un vif désespoir.

— Ne vous attristez pûs, maître, et le boun Guiei et la Sainto-Vierjo chant bénis, l'home que deut guarî votre fillo veit d'arrivâ, disseit la pàubro fenno, en purant de joie.

Un instant après notre médeci improvisa èro en présenço dòu seigneu de las Peyras. Còu darier très triste, li disseit :

« Valentin Lavierlo, le service qu'i exige héuneu, de vous, éi très grand, mas i vous en recoumpinsarei. »

Et òu coumendeit de le counduire dins la chambro de sa fillo.

Inutile de vous dire que le pàubre Valentin fut loin de veitre satisfait de quellas paraùlas. Assurément, òu èro moins à soun aise que quant òu fajo l'amou darier lous genêts.

Tremblant de tous saus membreis, òu segueit lous écuyers, en baissant la têto.

Un saloun avac tout ce que vous padez imaginâ de pûs soumptueux. Soubre un canapet de velours se torcho de doulou la bello Alice. Chacu couta d'ello, sas fennas de chambro, puravant à chaudas larmas.

Ni lous charmeis de la jòuno chateleino, ni lous richeis et noumbreux tableaux suspendus aux murs de l'appartament n'attiretant lous regards de Valentin ; soun cœur ne regorjavo pûs de poésie.

No vei en presenço de la malato, saus esprits l'abandoune-tant et òu resteit inerte coumo no statu de marbre.

Ou seïo probablement tourjou dins la meimo positio si saus coumpagnous de routo ne vinguessant le n'en tirâ en li administant no forto maclado et en li disant : « si vous n'a pas guari notro maîtresso dins cinq minutas, vous serez pindu. »

— Valentin Lavierlo pindu ? Sophie, proprieta, bello mài, bèous, pûs rien... Mas que la mort à dous pas de se ! Vraiment, qu'a rijo moins que jamais.

Alors le veiqui de faire de las grimaças, de sautâ, de se démenâ coumo le diable dins un bénéquier. Ou faguet si buau et si bien que la malato éclateit soudain de rire, et l'arêto sourtisseit, coumo par enchantement, de soun caù.

M^{llo} de las Peyras èro sauvado.

Aussitouot tout le mounde de credâ : au mirâcle et de coumplimentâ Valentin Lavierlo par le prodige qu'òu vegno d'accompli.

La clocho dòu danjou que ne sero pas faito entindre dépeu le jou de la naissanço d'Alice, announceit par soun joyeux carilloun, dins toute la vallée, l'heirouso nouvello.

No bello fèto, que dureit cinq jous, fuguet baillado au chatei, à quello occasio. Las seigneurics de Sainto-Feyro, d'Aubussou, dòu Grand Mountei, de Mountaigut et de Saint-Vaury, li fuguettant représentadas. Coumo l'habitudo n'èro pas dins còu temps, de faire dous discours, après le repas, le seigneu de las Peyras se countinteit de remettre, en presenço de tous lous invitas, à Valentin Lavierlo, un petit sac plei de lidors, et M^llo Alice, un habillement en soie et un bracelet en or, par la Sophie.

De pareis cadeaux flatessant un mortel autre que Valentin ; mas par se, òu n'aïo qu'un désir, retournâ le pûs tôt poussible à Villaprouas...

— Tel l'entetament de no fillo que n'ant counegu autravèi que, chez saus parints, n'aïo mas un désir : nâ chez soun grand pài, et par... causo.

*
* *

Mas la nouvello de quello guérisou merveilleuso sero répindudo au loin.

Et quantita de malateis d'arrivâ au châtei de las Peyras. Dòus boueitoux, dòus manchots, dòus muets, dòus sourets, dòus miopeis, le vieux Jean, Jean la Godo, Têto d'or, en un mou, tous lous estropias dòus cantous de Guéret et d'Ahun. Par tous is, le chatei de las Peyras duyo etre no secoundo Lourdo.

Par malhu Valentin Lavierlo n'èro pas inguera parti.

I vou ai dit que le seigneu de las Peyras èro plein d'ègard par le peuple. Or, à la vudo de tous qui déshéritas de la naturo, òu ne pouguet s'empechâ de faire dreit à lous préjiéras.

Ou disseit à un de saùs domestiqueis : marcho dire au docteu Lavierlo qu'i le demande.

Le disciple d'Hippocrate èro entrain d'emballâ lous effets que M^llo Alice li aïo bailla par sa fenno, Ou se rendeit auprès doù seigneu, sans se doutâ de rien.

Vous jugea dòu pleser qu'ou éprouveit à la vudo de tout còu pəuple.

— Veiqui le médeci quo guari la demezello, credavant lous uns.

— Mais…ma…mais… que…que…que… vèi nous…nous… guari, repregno Jean la Godo, en chapetant.

Et de tous se précipitâ à la rencountro dou célèbre médeci.

— Moun brave Valentin Lavierlo, disseit le seigneu de las Peyras, i ai inguera un service à vous demandâ, au nou de l'humanita, faut que vous guarissez tous qui estropias.

— Oui, et tout de suito, ajouteit un dous écuyers que l'aïant si bien dressa, un instant auparavant ; car sans quo… et òu brandisseit en l'air un pied de chagne.

— I crese que lous bras toumbettant au pàubre Lavierlo. Décidamment, quello vei ou èro bien perdu, car ou ne vejio aucun joint poussible par se tirâ d'affaireis.

La triquo navo s'abaissâ n'autro vei soubre sa teto quand enfin ou demandeit au seigneur à reflechi un instant.

Co li fut accorda.

Ensuito, ou coumandeit d'allumâ un grand trasfoujeaù au mitan de la cour. Quant li aguet un boun brasier, ou faguet faire le cercle à tous lous malateis et din toun grave et digne d'un gendarme algérien, òu disseit au seigneu de las Peyras :

« I vous répounde de la guarisou de tout còu mounde, à no coundichio, i vaù n'en faire brulâ un de is, et i farei avalâ sas cindreis aux autreis ; le remède est infaillible ; qui que vaut se dévouâ ? »

Et en meimo teimps ou poseit la mo soubre l'épaulo dòu vieu Jean.

— I sei guari, moun Guiei, oué, murmureit le manchot, et le veiqui de se tirâ dòus pieds.

A un deuxiemo, meimo répounso.

Par Jean la Godo òu regagnait Maisunissas sans attindre soun tou. Quantitas de béquillas et de besassas, mais no beno — sans douto quello de Lavaud — restetant soubre le tas. En moins de gueieis minutas la cour fuguet voueido.

Naturellament, le seigneu de las Peyras creguet à n'autre prodige, et ou ne négligeait rien par exaltâ la scienço dòu savant mèdeci. I sei meimo pourta à creiro que si la loi Naquet existesso dins còu temps, òu n'hesitesso pas un instant à faire divorçâ l'illustre Valentin par lî baillâ sa fillo.

.•.

SIC TRANSIT GLORIA MUNDI.

Le lendemo, à la pointo dòu jou, un home en blouso, un ballot sous le bras, traverseit le bourg très coquet de Sainto-Feyro. Coumo gn'o quaùqueis milliers de nadas, le grand médeci de la Grèce, regagnant le dème de Cos, òu marchavo lentement, et paraîcho reffechî à la fragilita de las chàusas humainas.

Qu'ero Valentin Lavierlo que s'en retournavo à Villapronas.

Lous rareis Sainto-Feyraùs que le veguettant passâ, s'appercevetant qu'ou aïo lous cheveux blancs.

• •

Le pài Nàhet ne m'o pas dit si Valentin Lavierlo saubeit un jou, que sa fenno èro etado causo qu'òu aïo joua un rôle si désagréable. Ou o soulament ajouta qu'òu ne fut plus jalou et que la Sophie passeit n'existenço très heirouso ayac se.

N'empècho que depeu, dins le pays, is disant : jaloux coumô Valentin Lavierlo.

. . . .

Jôuneis garçous à maridâ, si vous avez le bounheu de toumbâ un jou, soubre no Sophie gentillo (la chaùso n'éi pas impoussiblo), rappela vous que si vous lî fasez no nicho, tôt ou tard la vous la rendro.

A. Dupeyrat-Sébastien,

Membre de la Société des sciences naturelles et archéologiques de la Creuse.